AMERICAN POEMS

Azahara
   Palomeque

English translations by Sean Manning

Coolgrove Press

Copyright © 2021 Azahara Palomeque

Coolgrove Press, an imprint of
Cool Grove Publishing, Inc. New York.
512 Argyle Road, Brooklyn, NY 11218
All rights reserved under the International and
Pan-American Copyright Conventions.

www.coolgrove.com
For permissions and other inquiries write to info@coolgrove.com

ISBN 13: 978-1-887276-26-9
Library of Congress Control Number: 2021937443

English translations by Sean Manning

front cover art by Azahara Palomeque

Coolgrove Press is a member of
Community of Literary Magazines and Presses **[CLMP]**

Wholesale to the trade by **Ingram/Spark**

Media alchemy by Kiku

Coolgrove Press

To Marco,
for the wings we create and translate.
They are collected here.

Exile […] is the unhealable rift between a human being
and a native place, between the self and its true home:
its essential sadness can never be surmounted.
EDWARD SAID

TABLE OF CONTENTS

I. DECIRLE AL ESTUARIO QUE SE RECOJA EN UN PUÑO
TELLING THE ESTUARY TO HIDE INSIDE ITS FIST

Ana / *Ana* 4
Nuevas Palabras / *New Words* 6
Decirle al estuario que se recoja en un puño /
   Telling the Estuary to Hide Inside Its Fist 8
Safety Policy / *Safety Policy* 10
Accepted / *Accepted* 12
Distancias / *Distances* 14
Olivo / *Olive Tree* 18
Una idea del tiempo / *An Idea of Time* 20
Un sol extranjero que pronuncia tu nombre /
   A Foreign Sun That Speaks Your Name 22
Sueño en coach class / *Dreaming in Coach* 24
A veces te abrazo como de aeropuerto
   Sometimes I Hug You Like at the Airport 26
Otro tipo de tacto / *Another Sort of Touch* 28
El viajero / *The Traveler* 30
Emigrante / *Émigré* 32
La última matriosca / *The Last Russian Doll* 34
No fue el viaje / *It Wasn't the Journey* 36

II. EL OTOÑO DE LOS GANSOS CANADIENSES
AUTUMN OF THE CANADIAN GEESE

Días sin ver la luz / *Days Without Seeing the Light* 40
Un accidente / *An Accident* 42
Granizo / *Hailstones*. 44
Invierno y otoño habitan la metáfora erística /
   Winter and Autumn Dwell in Eristic Metaphors 46
Muñecos de nieve / *Snowmen* 48
Gansos canadienses / *Canadian Geese* 50
Formación del iceberg / *Forming the Iceberg* 52
El frío / *The Cold* 54
Ciudad del silencio / *City of Silence* 56
Catedral / *Cathedral*. 58
Vigilia / *Wakeful* .60
Amanecer / *Dawn*. 62
Ha nevado esta noche / *It Snowed Tonight*. 64
El mapa / *The Map* 66
Ítaca / *Ithaca* 68
Llueve la pausa / *Rain Falls from the Pause*. 70
No existen las madrugadas /
   There Are No Early Mornings 72
Productividad / *Productivity*. 76
No hago fotos / *I Don't Take Photos* 78
Escapatoria / *A Way Out* 80
Winter Is Gone / *Winter Is Gone* 82

III. DEFLAGRACIONES DE PASO
PASSING DEFLAGRATIONS

The Wound / *The Wound* 86
Juventud silenciada / *Silenced Youth* 88
€uropa / *€urope* 90
15 de octubre / *October 15* 92
Desde aquí / *From Here* 94
We Wish You a Merry Christmas /
   We Wish You a Merry Christmas 96
Occupy US / *Occupy US* 98

IV. NO ES TANTA LA TRAGEDIA
THE TRAGEDY'S NOT THAT BAD

Quijote con faldas / *Quixote in a Skirt* 102
Historia de una escalera / *Story of a Stairway* 104
Bandada / *Flock* 106
Reencuentro / *Reunion* 108
Confiesa / *Confess* 110
Cenizas / *Ashes* 112
Cedar Waxwings / *Cedar Waxwings* 114
No es tanta la tragedia /
   The Tragedy's Not That Bad 116
El hombre / *Man* 118

Author bio 122

Azahara Palomeque

I

DECIRLE AL ESTUARIO QUE SE RECOJA EN UN PUÑO

AMERICAN POEMS

I

TELLING THE ESTUARY TO HIDE INSIDE ITS FIST

ANA

Ana está llorando en su sonrisa como un contagio del clima.
Ana supura, ella tras ella su padre, tan sin los cristales hace el gesto
de abrir las ventanas y se piensa cada vez más de tierra.
Ana es una raíz con alas de apagón en el viento, a punto de sí misma
concede romperse extremidades en los párpados,
cambiarse de blanco, ¡Ana!,
para que apuntemos a ella, desenvainando un nombre
reverencial a su gente, con tan poco brazo se abre como cometa en el cieno.
Ana tiene epitafios por manos que aún no han sido escritos,
azuza los tiempos, pide casi un canto cuando mira
y sufre casi tanto como quien la escucha y se arremolina, de agua.
Ana, hecha de pasos finales, apuntalada en su marco de lombrices ciegas,
verdes, casi negras, tiene uñas en cada pestaña para inhalar la vida.
Ana está atenta a los ripios y se ensaliva con ellos, haciéndose un nido.

ANA

Ana cries inside her smile like an infection from the
 weather.
Ana festers, her then her, her father, so lacking in glass
 she makes the motion
of opening windows and believes even more she is earth.
Ana is a root with blackout wings in the wind, almost
 herself
she concedes to breaking extremities in her eyelids,
 changing whites — Ana! —
so that we see her in our crosshairs, unveiling a reverential
name for her people, so lacking in force she unwinds like
 a kite in the mud.
Ana's hands are epitaphs that have not yet been
 written,
she incites the days, asking almost for a song when she
looks
and suffering almost as much as someone who hears her
and whirls, made of water.
Ana, fashioned from last steps, bolstered in her frame of
 sightless earthworms,
green, almost black, she has fingernails on each eyelash for
 breathing in life.
Ana is awake to the wreckage and salivates before it,
 building a nest of her own.

NUEVAS PALABRAS

No puedo más que desearte suerte
en tus nuevas palabras, abrirte el estigma de la duda,
ver cómo entre balbuceos aciertas a nombrarte
lo opuesto a otro tiempo, a otro lenguaje, conseguir
que el paisaje te sea ligero a su paso, darte
una mano cuyos dedos se esconden,
decirte el viaje es esto: un muñón estable
en ambas almas del pensamiento, un volcado
de infancia al patíbulo.

NEW WORDS

I can only wish you luck
on your new words, introduce you to the stigma of doubt,
see how, stumbling, you succeed in naming yourself
the opposite of another time, of another language, make
the landscape slip lightly by you, give you
a hand of hidden fingers,
tell you this is the journey: a stable stump
in both souls of thought, childhood
piled upon the gallows.

DECIRLE AL ESTUARIO QUE SE RECOJA EN UN PUÑO

Comprar un billete de avión, como matar
un ave. Volver a repartir la eternidad
dibujada en el miedo, en dos espasmos.
Preguntarle a la altura: ¿por qué me contienes?
Salir con el número certero, la cabeza en regla, ver
el rostro de ciudad desde la máscara.
Despedirme de una parte de lo que quise ser,
mentir a los epitafios, escuchar al motor de un estómago
restringir el ácido a la caída.
Comprar esa frontera: decirle al estuario
que se recoja en un puño, que no se evapore.

TELLING THE ESTUARY TO HIDE INSIDE ITS FIST

Buying a plane ticket, like killing
a bird. Dividing, once again, eternity
sketched in fear, in two shudders.
Asking elevation: Why are you holding me down?
Coming away with the right number, head in order, seeing
the face of the city through a mask.
Saying farewell to a piece of what I wished to be,
lying to epitaphs, listening to the motor of a stomach
restricting acid upon descent.
Buying that border: telling the estuary
to hide inside its fist, to not evaporate.

SAFETY POLICY

> *How the US uses sexual humiliation*
> *as a political tool to control the masses*
> *NAOMI WOLF* (The Guardian)

Que me muera, ahora, por la matanza
del hombre al hombre, por la vía
del avión partido, entre el cielo
y la huella,
que un oficial abra mis nalgas y busque,
y describa su infancia en mi corazón desplazado,
que hable, ventrílocua voz, por el cielo
en la fila:
   pasaporte en mano,
   cabeza de centímetro exacto y flash tibio,
   hotel en el número ciento diecinueve,
huida D, con el arma
silente.
Que persigan la leche materna hasta el mapa, que ya
no existe, y que parta
la firma a su hoguera, mi ruta
hacia el rostro prohibido del asiento adyacente,
mis manos, que cargan con números,
sumadas despacio.
Que la vida sea una caja de matrioscas de orujo,
la ventana una brújula, y el amor,
negación de tu nombre.
Que se acabe la prostitución gratuita.
   Dadme riquezas, barcos, sintagmas,
    ¡todo!,
    menos ojos.
Precio por la mafia del algoritmo
que compro. Que me paguen,
que me paguen…

American Poems

SAFETY POLICY

*How the US uses sexual humiliation
as a political tool to control the masses*
NAOMI WOLF (The Guardian)

Let me die today at the hands of man's
massacre of man, on the runway
of the fractured airplane, between the sky
and the fingerprint,
let an agent spread my cheeks and search,
and describe his childhood inside my displaced heart,
let him speak, with ventriloquial voice, for the sky
waiting in line:
   passport in hand,
   precise centimetered head and warm flash,
   hotel at number one hundred nineteen,
escape route D, with a silent
weapon.
Let them hunt for my mother's milk as far as the map, which
no longer exists, and let my signature
leave for its bonfire, my path
toward the forbidden face of the adjacent seat,
my hands, burdened with numbers,
slowly summed.
Let life be a case of olive oil matryoshka,
the window a compass, and love,
the negation of your name.
Let there be no more free prostitution.
   Give me wealth, ships, syntagmas,
   everything!
   except eyes.
The price of the algorithm mafia
I'm buying. Let them pay me,
let them pay me…

ACCEPTED

y si regresa el punto rojo a mi esfera
entonces el mapa me tapa los ojos
y aquí las fronteras registran mi vida
toman dactilares memorias de otra
sacuden con rayos mis ojos dormidos
sellan archivos en mi nombre callado
despiertan la patria en mi ausencia de mundo
permiten el paso a mi breve vacío
conocen quién quieren aquéllos que sea
vuelven parentescos, imprimen olvido
imposible a mi fuga de lugar funesto
voy hacia atrás,
adonde el rojo me mande.

ACCEPTED

and if the red dot finds my sphere again
then the map will mask my eyes
and here the borders will record my life
taking the tactile memories of another
shaking my tired eyes with x-rays
stamping files with my silenced name
waking the homeland in my absent world
allowing access to my brief emptiness
knowing who those people want me to be
restoring kinships, imprinting impossible
oblivion on my escape from this abysmal place.
I step backwards,
to where the red dot demands.

DISTANCIAS

Pensarte desde aquí, y no puedo
dejar de sentir la traición,
ni pretendo, como ya hicieron otros, repetir la historia…

La distancia – ya sabes – hace nuevos los párpados,
les inventa un malestar que es una lupa,
consigue que viajen contigo otras personas, incluso,
ves cómo pierden las maletas y la vida,
y el corazón cambia de lado pero sigue latiendo.

Mezclas todo, sabes
   que la voz es a veces un canto
en la memoria, que hay cosas que van a la raíz,
pirámides que se curvan para besar su infancia,
pero qué es el espacio vacío. De qué semilla parte.

Vuelvo a la ventana, contemplo la hierba helada,
deslizo mi nariz por el cristal cuando nacen,
espontáneas, las huellas en la escarcha.
Más allá, las hojas cayeron todas, pinchazo por pinchazo,
y han querido vacunar la tierra volviéndose polvo.

Tanto frío en los talones cuando se mira a lo lejos…
Soplar, poner de puntillas los brazos, eludir
esa música, recorrer esquirlas en los marcos partidos
y buscar respuestas, pequeñas como despedidas.

continued on p. 16

DISTANCES

Thinking of you from here, and I can't
stop feeling the betrayal,
nor do I intend, like so many others, to repeat history...

Distance – as you know – makes eyelids new,
it gives them a malaise that magnifies,
it gets other people to travel with you, even
as you see them lose their luggage and lives,
and hearts change sides but keep beating.

You confuse everything, you know
   that a voice is sometimes a song
remembered, that some things reach the root,
pyramids bend to kiss their childhood,
but what is empty space. From what seed does it spring.

I walk back to the window, consider the icy grass,
glide my nose over the glass when tracks,
spontaneously, appear in the frost.
Farther out, the leaves have all fallen, prick by prick,
hoping to vaccinate the earth by descending to dust.

Heels so cold when you look into the distance...
Sighing, arms standing on tiptoes, eluding

continued on p. 17

continued from p. 14

Quizá alejarse es creer de nuevo en la gravedad.
Salir con una llave en el bolsillo y culpar al cuerpo
de los errores no cometidos, amar a las grietas
por lo que prometen cuando, de repente, amanecen.

No vuelven los días a ser iguales si el camino está hecho.

Irse,
administrar los blancos entre las manos, dar a los otros
las manos para que moldeen su frío. Un día,
olvidar el color.

continued from p. 15

the music, perusing the splinters in the cracking sills
and searching for answers, small like farewells.

Maybe leaving is letting gravity be again.
Setting off with a key in your pocket and blaming your body
for mistakes not made, loving the rifts
for what they promise when they, suddenly, appear.

Days are never themselves again once the path has been laid.

Leaving,
applying empty shades of white between your hands, giving others
your hands so that they can shape the cold. One day,
forgetting color.

OLIVO

En la vergüenza del mapa, una luz que es de otro verde:
olivo, como amanecer nostalgia, en la prisa por el fin
   del día,
la voz que tiembla en la hoja. Verde infancia,
si supieras el inglés que te debo en la frontera entre el sueño
y mi paisaje. Aceitunas, los ojos siguen a quien los
   ciega
en esta tierra, luz prohibida, a tu hora me rindo,
pertenencia de los errores sabios que flota en el agua.

OLIVE TREE

In the shame of the map, a light from another green:
olive tree, like dawning nostalgia, rushing towards the end
of the day,
a voice that trembles on a leaf. Childhood green,
if only you knew the English I owe you where my dreams
meet my surroundings. Olives, eyes follow those who blind
   them
in this land, forbidden light, to your time I surrender,
possessiones of the wise errors floating on the water.

Azahara Palomeque

UNA IDEA DE TIEMPO

A mi hermana

Una idea de tiempo va conmigo: tu mano
cuajada de manillas. Existir,
me pregunto, es un reino de alfileres,
y abro los poros: respiro, tan dulce perfección,
y se clavan. Mis horas son injertos.
Se hace tarde cuando caminas entre los médanos,
blancos, como yo te pienso. Invierno
de abejas mensajeras: el mundo

de aguijón doliente, horadando la luz.

American Poems

AN IDEA OF TIME

For my sister

An idea of time walks beside me: your hand
hardened by clock hands. Existence,
I wonder, is a kingdom of straight pins,
and I open my pores: I breathe, such sweet perfection,
and they stab me. My hours are grafts.
It grows late when you walk among the sands,
white, like I picture you. Winter
of messenger bees: a world

of aching stingers, piercing the light.

UN SOL EXTRANJERO QUE PRONUNCIA TU NOMBRE

> *No hay muerte ni amargura*
> *sino un sol extranjero que pronuncia tu nombre*
> JENARO TALENS

Impronunciable, tu nombre, como si fuera real,
pero un nombre no es un cuerpo.
Si fuera carne, si en tu nombre creciera un árbol
de otro nombre a la espalda, se curvase,
supiese que en cada letra respira un párpado,
su vaho, filtrado para mis manos amantes.
El sol lo broncearía:
nombre, quémate a solas, arde, vendrá quien te sople.
Sería tu nombre algo del mío, sin frontera,
moriría un día, existiría un aniversario de tu nombre
tan volátil como mi propio tacto.
Nombre, sentido, danos tierra, iza
a la luz un animal agónico, vuélvete ciego.
Un nombre sujeto al clima, cubierto o despojado
de estaciones, nombre febril o helado,
   curable.

American Poems

A FOREIGN SUN THAT SPEAKS YOUR NAME

> *There is no death or bitterness*
> *rather a foreign sun that speaks your name*
> JENARO TALENS

Unpronounceable, your name, as if it were real,
but a name is not a body.
If it were flesh, if in your name a tree grew
with another name on its back, if it bowed down,
if it knew that within every letter there breathed an eyelid,
its breath, filtered for my loving hands.
The sun would brown it:
name, burn yourself alone, stinging, someone will sooth it.
Your name would be part of mine, borderless,
dying one day, an anniversary would exist for your name
as volatile as my own touch.
Name, meaning, give us land, raise
up to the light a dying animal, go blind.
A name subject to the climate, covered or freed
of seasons, a name feverish or frozen,
   curable.

SUEÑO EN COACH CLASS

Dormir sola, después de tanto tiempo,
en un avión, fundida en las mantas humanas,
al arrullo de la voz de un piloto
que se parece a mi padre...

Registrar la música extraña, mirar de reojo
el agujero de alfiler de la ventana
y escapar por su cuerpo. Tener una noche
en la bombilla solamente mía.

Caer en la inercia de las alas, aceptar
el plástico y olvidar que existen azafatas,
rogar a la caja negra que no me escuche
soñando con el piloto...

DREAMING IN COACH

Sleeping alone, after so much time,
in an airplane, molten in human blankets,
to the humming voice of a pilot
who resembles my father…

Facing the strange music, looking from the corner of my eye
at the pinhole in the window
and escaping through its body. Having a night
under a lightbulb all my own.

Falling into the inertia of the wings, yielding
to plastic and forgetting that flight attendants exist,
begging the black box not to hear me
dreaming of the pilot…

A VECES TE ABRAZO COMO DE AEROPUERTO

Nos marchamos, yo a buscar
un pasado, tú a nuestra casa.
En la sala, absorta en las mentiras
que los libros mecen, tú
en la besana que envejece el tiempo,
vuelvo a querer no morirme.

SOMETIMES I HUG YOU LIKE AT THE AIRPORT

We're leaving, I in search
of a past, you to our house.
I in the room, absorbed in the lies
that books cradle, you
in the fallow field that time ages,
and once again, I'd rather not die.

OTRO TIPO DE TACTO

Tener las vías abiertas como los surcos
de las nubes, tragar el espacio y hacerle
su hueco en la garganta: crear, en compañía,
un nuevo mapa en cada cuerpo, que permanece.
Tanto se hace el amor a los pasajes
como morir es quizá perfilar en la piel cortafuegos.
Esta circulación es pasto de antígenos, toses
que resbalar en la lluvia, charcos de ti,
y los ojos han nacido para albergar animales.
Viajar es sólo otro tipo de tacto.

ANOTHER SORT OF TOUCH

Keep the tracks open like the furrows
in the clouds, swallow space and make a
place for it in your throat: create, collectively,
a new map over every body, that prevails.
As much lovemaking to landscapes
as dying is maybe sketching firebreaks on the skin.
This circulation is kindling for antigens, coughs
to slip in the rain, puddles of you,
and eyes have been born to shelter animals.
Traveling is just another sort of touch.

Azahara Palomeque

EL VIAJERO

> *Imaginad un viajero alto en su lucidez y que los caminos se deshiciesen delante de sus pasos y las ciudades cambiasen de lugar: el extravío no está en él mas sí el furor y la inutilidad del viaje.*
> ANTONIO GAMONEDA

Las aguas lo sepultaron todo.
Volviste a casa, viajero, cansado de pensar tu casa
creíste matarla en la memoria si le hablabas de los
   peces,
le abrías el tacto de tu escama en sus grietas.
Las aguas la inhumaron. No hubo
que perecer por ella ni la sangre brotó en las sienes
como un disparo repentino al pasado.

Qué hacer cuando el agua mata a los canales.
Si era el agua también hecha de nosotros enemigo que se
besa en la frente
y huir era la muerte y volver el suicidio de los finados, qué
   hacer
cuando en la piel se lleva la materia del vacío y hacer el
   amor
a ti mismo es imposible
y el dolor cuenta como propio mientras vestido de otro,
semilla adentro, brota, ¡brota! y tiene en su epitafio la
   primavera.

Las aguas caminaron despacio hacia el kilometraje de algas
que fue tu cuerpo. A verte morir,
sumergieron tu pez y se agitaron dulcemente en un vórtice
del que nació tu ombligo. Lo sepultaron.
Marchaste, a nado con las extremidades rotas y,
desde el fondo arenoso,
la humanidad se reía, las nubes
eran crestas blancas de mentiras, y sal.

American Poems

THE TRAVELER

*Imagine a tall traveler in all his clarity and that the roads
dissolved before his steps and cities changed places:
this loss is not in him but in the fury and uselessness
of the journey.*
ANTONIO GAMONEDA

The waters buried it all.
You returned home, traveler, tired of imagining your house
you thought you'd kill it from your memory if you told it about the
  fish,
offering it the feel of your scale in its cracks.
The waters interred it. There was no need
to perish for it and no blood bubbled from its temple
like a sudden shot from the past.

What to do when water kills the canals.
If water was also made of us enemy that
we kiss on the forehead
and fleeing was death and returning the suicide of the deceased,
  what to do
when carrying on your skin the substance of emptiness and making
  love
to yourself is impossible
and pain counts as yours while dressed as someone else,
seed inside, sprouting, sprouting! And written on its epitaph is the
  spring.

The waters advanced slowly towards the mileage of algae
that was your body. To see you die,
submerging your fish and exciting sweetly into a vortex
that bore your navel. They buried it.
You left, swimming with your broken extremities and,
from the sandy depths,
humanity laughed, clouds
were white crests of lies, and salt.

EMIGRANTE

Ya estoy aquí, me disteis alas y una sima.

– Padres, ¡el Atlántico!, padres, por qué tengo que nadar vuestro estertor.

Dos tierras: yo te doy las armas; yo, el silencio.

– Padres, ¡y el agua! -es amniótica; – Padres, y el aire.
Sácalo del agua, como los barcos de vela.

ÉMIGRÉ

I'm here now, you gave me wings and a chasm.

– Fathers, the Atlantic!, fathers, why must I swim
your agony.

Two lands: I give you the weapons; me, the silence.

– Fathers, and the water! – it's amniotic; – Fathers, and the air.

Take it from the water, like sailboats.

LA ÚLTIMA MATRIOSCA

Qué siente la última matriosca.
Cubierta por su madre, cubierta por su abuela,
cubierta por otras manos, contenida en todas:
la más reciente, e inaccesible.

THE LAST RUSSIAN DOLL

What does the last Russian doll feel.
Wrapped by her mother, wrapped by her grandmother,
wrapped by other hands, held inside them all:
the most recent, and most inaccessible.

NO FUE EL VIAJE

No fue el viaje. No hubo
siquiera lugar. Caminé
descalza en el hielo. Nómada,
permanecí el silencio. No pude
desconocerme en el blanco,
tiznar la lengua en un recodo,
pincelarme, dejar al lienzo
escapar derretido.
No existió, tampoco, el contrario.
Me lo inventé todo.

IT WASN'T THE JOURNEY

It wasn't the journey. There wasn't
even a place. I walked
barefoot on the ice. Nomad,
I stood in silence. I couldn't
unknow myself in such whiteness,
blacken my tongue at a bend in the road,
sketch myself, let the canvas
escape melted.
The opposite didn't happen, either.
I imagined it all.

Azahara Palomeque

II

EL OTOÑO DE LOS GANSOS CANADIENSES

II

AUTUMN OF THE CANADIAN GEESE

DÍAS SIN VER LA LUZ

Días sin ver la luz, pero aún oigo la lluvia
y su olor camuflado en los libros.
Los muertos vienen a posarme flores.
En sus ramas lo entiendo:
también ellos, ahora, son extraños.
Agua que cae, universo que se otoña
en los charcos de familia:
los cercos anuncian nidos que se yerguen
con podredumbres de suelo.

American Poems

DAYS WITHOUT SEEING THE LIGHT

Days without seeing the light, but I still hear the rain
and its camouflaged smell in my books.
The dead come to leave me flowers.
In their stems I understand:
they too, now, are strangers.
Water falling, the universe ripening
in family puddles:
the fences announce nests that rise up
with the rotting ground.

UN ACCIDENTE

Ver
una luz en el asfalto, que sea accidente,
de los muertos que no importen las flores,
sólo las sirenas.
Y hace cuánto tiempo que no veías la luz.
Feria de la herida, saber
que ante el final hay un palco. Contra el tedio,
los faros, al fin, los otros.

American Poems

AN ACCIDENT

Seeing
a light over the asphalt, hoping it's an accident,
that the flowers of the dead mean nothing,
only their sirens.
And how long has it been since you have seen that light.
A funfair of wounds, knowing
that there is a gallery seat overlooking the end. Opposing ennui,
the headlights, at last, the others.

GRANIZO

Graniza en la ciudad perdida y se vuelve
a la guerra de antes. Es esta timidez de la nieve
la que arroja piedras. Me llamas
al balcón de la herida, como quien trae flores,
desde el barrote entiendo el sollozo. Qué amor
le tengo a tus manos porque tocaron
lo que en ellas me duele...

HAILSTONES

It's hailing in the lost city and and war
resumes once again. This shyness in the snow
is what throws rocks. You beckon me
to the wound's balcony, like someone bringing flowers,
from the iron baluster I overhear the sobbing. What love
I feel for your hands because they touched
what pains me inside them…

INVIERNO Y OTOÑO HABITAN LA METÁFORA ERÍSTICA

Empezó a nevar y no se supo por qué las hojas
    resistieron
al polvo y sacaron sus puntas a los ojos.
Volvieron a por nosotros, como si el frío fuera la guerra
    que se pierde.
En vidrieras comenzó a caer la gravedad que las hería
y solas, los miembros volvieron al cielo
y rezando para ser un pedazo del pueblo, un poema de
    queja,
una negación que se ama, contaron los copos en forma de
    balas.
Y murieron, y aceptaron la muerte en cada tonalidad de
    los años.
Empezó a nevar y la gente salió a los balcones
    imaginarios.
Las hojas supieron que podían acabar el instante, las
    hojas
prefirieron ser arqueólogas de la estación futura.

WINTER AND FALL DWELL IN ERISTIC METAPHORS

It started to snow and no one knew why the leaves
  resisted
the dust and pushed out their tips for all to see.
They came back for us, as if the cold were a war
  to be lost.
On stained glass gravity began to fall wounding them
and on their own, the limbs returned to the sky
and praying to be a plot in the village, a poem of
  lament,
a negation to be loved, they counted the bullet-shaped
  snowflakes.
And they died, and accepted death in each tonality of
  every year.
It started to snow and the people stepped out onto their
  imaginary balconies.
The leaves knew they could put an end to this moment, the
  leaves
preferred to be archaeologists of a future season.

MUÑECOS DE NIEVE

Puedo morir esta noche para confirmar mi estado
y dejar en herencia un tumulto,
que mis dedos sean detenidos por miles, que mi rostro
sea un cartel, en blanco: leed la nieve.
En los ojos mancharéis su rastro, al recogerla.
Archivaréis el caso: falleció sucia con la cara
  destrozada,
pidió el olvido como dádiva del humus.
Coged los copos para la lluvia futura, el fuego
de esta guerra quizá derrita mis miembros, en espejos
la muerte volverá a vuestro letargo.
Puedo morir esta noche, y los muñecos de nieve
no tendrán alas, quien los arcille sentirá el
  frío.

SNOWMEN

I could die tonight to validate my condition
and leave behind a legacy of turmoil,
may thousands hold back my fingers, let my face
be a billboard, left blank: read the snow.
With your eyes you'll tarnish its traces, when gathering it.
You'll file the case: it passed away dirtied with its face
   destroyed,
it asked to be forgotten like a gift from the soil.
Reap snowflakes for a future rain, the fire
from this war might melt my limbs, in mirrors
death will return to your slumber.
I could die tonight, and the snowmen
would be without wings, whoever sculpts them will feel the
   cold.

Azahara Palomeque

GANSOS CANADIENSES

Dicen que son gansos canadienses, cada tarde
 – al caer – que pelean o seducen
al viajero y al autóctono
por cambiar de hábitat y conservar su nombre.
Conversan, parece que se entienden
 – son todos iguales –
a mis ojos y a otros más distinguidos,
conviven solos (quizás regresen) y buscan
poco en el paisaje.
Dicen que aquí están bien, en las marismas vírgenes
de la universidad. Universales gansos en
el grito – en el grito – silencioso.

American Poems

CANADIAN GEESE

They say it's the Canadian geese, every afternoon
 – when it comes – that fight or seduce
the traveler and the local
by changing habitat and conserving their name.
They converse, it seems they understand one another
    – they are all the same –
in my eyes and in others more distinguished than mine,
they coexist alone (perhaps they will return) and look for
little in the landscape.
They say things are good here, in the virgin marshes
of the university. Universal geese
inside their cry – inside their cry – in silence.

FORMACIÓN DEL ICEBERG

Del frío pende la ropa a la intemperie y espera el momento del amanecer en mi perímetro
cuando la escarcha, al tocar mis manos, forme el iceberg.
Tanta esperanza malgastada ha reunido el abismo en sus puentes,
tantas horas de veinticinco años esperando el alud, contando los oídos calientes que algún día hubieran de frutecer fragmentos.
Y la vida en las placas,
   como el flotar de la piedra en silencio,
voces de muertos nunca sepultados, cantigas de abuela.
   Suena la tela en su batir contra el clima, vuelan los puntos lanados
en mi piel, que es ahora telaraña. Hielo, para conservar los rastros
de otra vida, para conversar en ésta con el vacío, flotas
   --en la cuerda -------

FORMING THE ICEBERG

From the cold hangs the clothing out in the open and it waits for
the moment of sunrise around me
when the frost, upon touching my hands, will form the iceberg.
So much wasted hope gathered by the abyss on its
   bridges,
so many hours in twenty-five years hoping for the avalanche, telling
warm ears that one day they'd bear
fragments.
And life on plates,
   like rock floating in silence,
voices of the dead never buried, grandma's hymns.
   The cloth sounds flapping against the climate, bits of wool
flying off
onto my skin, which is now a spider web. Ice, to conserve the
remains
of another life, to converse with emptiness in this one,
you float

     --on the line----------

EL FRÍO

El frío, ese aguacero que iguala hombres y árboles
en esqueleto y desmiembra el tacto.
Sólo las pieles contemplan algo: su propio andamiaje.

Derrite las vainas de las manos, les aleja las espadas,
hace de ellas una masa de corazón inválida,
las destituye (y los poros se tornan ojos, ahora
que no saben caminar).

Sin huesos, mis manos no llaman a la puerta.

THE COLD

The cold, that downpour that makes men and trees equal
in skeleton and dismembers their touch.
Only skin contemplates something: its own architecture.

It melts hands' scabbards, it takes their swords from them,
makes them a mass of bedridden heart,
dismisses them (and pores become eyes, now
that they know not how to walk).

With no bones, my hands do not knock at the door.

Azahara Palomeque

CIUDAD DEL SILENCIO

Está hecha de silencio y lo ostenta. Ofrece
un jardín de piedras blancas, con nombre extranjero,
para cada frontera que dice palabra.
Es un cementerio en fiesta.
Está hecha del umbral de la boca que babea:
única lluvia, nana y voz ausente, el gesto
de quien busca una sintaxis, igual al del hambre.

American Poems

CITY OF SILENCE

It is made from silence and flaunts it. It offers
a garden of white rocks, with a foreign name,
for each border that reads word.
It is a banquet cemetery.
It is made from the threshold of the drooling mouth:
the only rain, lullaby and absent voice, the gesture
of one searching for a syntax, equal to hunger.

CATEDRAL

Siento solo mi cuerpo como catedral amniótica del
tiempo que viene.
Anuncio una muerte con la boca, me desprendo de mí
 – y hay autovías de sangre por la hora de tus hijos
y se me encierra en la piel un dique que fue un hombre,
ausente – .
Han venido a confesar a mi estómago antepasados del
   hambre
como pidiendo un metro de historia, fragores de banderas.
Siento cada vidriera de mi rostro cuando llueven
bandadas de manos limpias
para evitar el perdón, para que se ensucie, con ellas, mi
habitáculo.
Me han rezado tan cerca de la corriente, tan de rodillas
el corazón se me ha vuelto de multitud que no atraviesa
la piedra.
No ha podido salir de aquí la vida, todos esos muertos.

CATHEDRAL

I feel my body solitary like an amniotic cathedral of
times to come.
I announce a death with my mouth, I leave myself behind
 – and blood highways run through the hour of your children
and locked away within my skin is a dam that was a man,
absent – .
They have come to my stomach to give confession, ancestors of
 famine
as if asking for a stretch of history, the clamor of flags.
I feel every stained glass of my face when flocks of
clean hands rain down
avoiding forgiveness, so that my chamber, with them, may
defile itself.
They have prayed to me so close to the current, so devoutly
 kneeling
my one heart has become many who do not pass through
stone.
No life could thrive here, all of them dead.

VIGILIA

Duermes, y no estoy en el pie frío
de la búsqueda,
la sábana, ese paisaje nevado en tu cuerpo,
pide perdón
como una mota de corcho en el vino.

II
Duermes – dormir es ser niños
a media jornada – , estás más que a solas, feliz
 – vive cerca la guerra, hay bombas en cada pupila –
disfrazas tu espacio, callas,
pronuncias espectros y no me conoces – caigo
en racimo, como una advertencia – .

American Poems

WAKEFUL

You are sleeping, and I am not the cold foot
on the hunt,
the bedsheet, that snowy landscape over your body,
asks for forgiveness
like a crumb of cork in the wine.

II
You are sleeping – sleeping is to be children
part-time – , you are more than alone, happy
 – war lives close by, there are bombs in each pupil –
you disguise your space, stay quiet,
you pronounce visions and forget me – I fall
into a cluster, like a warning – .

AMANECER

Luz afuera, aún no amanece. En la soledad
temprana de la lluvia miente la farola.
El sueño redime. Hoy
son mis horas gobierno del cuerpo y el hombre
alza los nudillos acogiendo el dominio.
Silencio de muertos, hablo con su voz:
este esqueleto vacío también duele, la nada,
al saberla, llena de luz la mentira.
Noche cierta, a tus blasfemias mis manos.

DAWN

Light outside, still no dawn. In the early
solitude of the rain the lamppost lies.
Sleep redeems. Today
these are my hours managing my body and man
raises his knuckles embracing his dominance.
The dead in silence, I speak with their voice:
this empty skeleton also aches, nothingness,
when known, fills lies with light.
True night, over your blasphemies my hands.

HA NEVADO ESTA NOCHE

Ha nevado esta noche y mañana
los hombres echarán sal a las heridas,
como si no doliera
la ciudad.
He perdido mi ancla. No existe
siguiera el injerto.
Ha nevado,
está aún todo limpio, como la memoria,
pero sé que vendrán a la sangre, es más,
vendrán a la llaga,
la verán
en pequeños cristales donde nada crece.

He de vivir estas horas antes del límite,
   tocar
la hendidura ajena a las máquinas.
He de escribir la inocencia: que duela el frío,
que no me queme.

IT SNOWED TONIGHT

It snowed tonight and tomorrow
men will rub salt in the wounds,
as if the city
did not hurt.
I lost my anchor. Not even
a cutting remains.
It snowed,
everything is still clean, like our memory,
but I know they will come for the blood, no,
they will come for the scab,
they will see it
in small crystals where nothing grows.

I must live these hours before the brink,
   feel
the rift free of machines.
I must write this innocence: let the cold hurt,
let it not burn me.

EL MAPA

Tú no entiendes de espacio
y cuando caminas pisas – rápida –
las suelas
que alguien olvidó en la nieve. Eres
la confirmación del mapa.

AMERICAN POEMS

THE MAP

You know nothing of space
and when you walk you step – quickly –
on the soles
someone forgot in the snow. You are
the confirmation of the map.

ÍTACA

A Pancho

Que falte la luz, y tener que frotar dos piedras
de los tiempos que se perdieron, crear un amor
de calefacción decente, encontrarlo
soplando la hoguera que creíste extirpada.

Nuevo lo olvidado, lo que incita a construir nuevos
olvidos.
Lo viejo, lo ajado, recordando permanencia, llaveros
en los cuerpos repentinos.

Y luchar por todo, dos lugares que no existen: éste que
piso;
la condena en otros músculos pequeños, la juventud
donde no éramos nómadas.

Que falte el asiento y no importe la continuidad de un
nombre.
Aprender a digerir los cortes: aquello y la memoria,
y luchar por todo, hasta los cuartos
trasteros de nuestro origen.

ITHACA

For Pancho

Let us be short of light, and have to rub two stones
from those days we lost, create a love
from proper heating, find it
blowing into the bonfire you thought stamped out.

The newly forgotten, which incites us to build new
oblivions.
The aged, the haggard, remembering permanence, keyrings
on unexpected bodies.

And fight for it all, two places that do not exist: this one
beneath me;
condemnation in other small muscles, youth
before we were nomads.

Let us be short a seat and not care about carrying on a
name.
Learn to digest incisions: that one and our memory,
and fight for it all, even the storerooms
of our conception.

LLUEVE LA PAUSA

A Ingrid

Llueve del árbol cristal
que suspende el viaje.
La gota en la hoja (un paréntesis)
moja el aliento.

Quién ha visto el cielo.
Debajo de la copa es tormenta,
es mantillo y hormiga y rayo
que traza su arista.
                      Debajo,
tejo tempestades,
un Adamastor en las raíces,
humus, en el nimbo,
rueda, rueda, del naranja
ocre a la oruga.

Llueve
    l a p a u s a.

Con las manos alargo
mi juventud al tronco,
empapada.

American Poems

RAIN FALLS FROM THE PAUSE

For Ingrid

Crystals fall from the tree
suspending the trip.
The droplet upon the leaf (a parenthesis)
dampens our breath.

Who has seen the sky.
Beneath the treetop a storm,
topsoil and ant and lightning bolt
tracing its edge.
                        Beneath,
I weave tempests,
an Adamastor at the roots,
subsoil, in the nimbus,
rolling, rolling, from ochre
orange to caterpillar.

Rain falls from
       t h e p a u s e.

With my hands I prolong
my youth until the trunk,
drenched.

Azahara Palomeque

NO EXISTEN LAS MADRUGADAS

Nostalgiar
MARTHA A. ALONSO

No existen las madrugadas,
no tienen
tiempo.

Se les ha caído del rostro algún párpado y dejan de dormir,
se ha perdido el viejo nostalgiar, el tronco
que abrupto anuncia la mañana.

Cómo saber cuándo es mañana o esperar
algo de ella.
Las horas se han vuelto locas a tenderse las manos,
a vivir en unos cuerpos que no son relojes,

a qué llamo madrugada,

con este tiempo infinito,
con esta luz que calcina,
con esta eternidad anónima de tierra que ha venido a perdernos.

Yo veía en las madrugadas un rostro ajeno que creaba
vaho en mis ojos y en los cristales dibujaba
un compañero. Veía

continued on p. 72

American Poems

THERE ARE NO EARLY MORNINGS

Nostalgiar
MARTHA A. ALONSO

There are no early mornings,
they don't have
time.

From their face an eyelid has fallen and they stop
sleeping,
the ancient nostalgia has been lost, the trunk
that abruptly announces the morning.

How to know when it's morning or when to expect something
of it.
The hours have gone mad from holding out their hands,
from living inside bodies that are not clocks,

what do I call an early morning,

with this infinite time,
with this scorching light,
with this anonymous eternity of land that has come
to get us lost.

I saw in the early mornings the face of another generating
steam in my eyes and drawing in the windows
a partner. I saw

continued on p. 73

continued from p. 70

dormir en el hueco del árbol a la ardilla, soñando en el fervor
de una bellota. Trozos de oscuridad. Imaginaba
un amor con caligrafía infantil: un cuadernillo rubio
enamorado.

Hemos perdido la noche que llega tarde. No se escucha
la sonrisa animal, las estrellas
dónde se encuentran.

Un segundo de ahora es un globo apresado a mis ojos y
el recuerdo
necesita luz y penumbra.
La madrugada se fue, y con ella mi lugar de pensar
en palabras, mi descanso en una nuca cargada de
espacios
de abrazos que se abrían y me ahogaban.

Cómo ser sin una sombra en las esteras,
un punto en su lugar apropiado, la luna que se sabe
sin verla. Se ha multiplicado tanto la luz que no tiene
origen,
su tiempo se alarga, puede mucho más
que mi vuelta,
que mis revueltas.

Si no existe la madrugada se termina la muerte.
Sólo hay cansancio. Mi vida, tu nostalgiar,
no tienen tiempo.

continued from p. 71

a squirrel sleeping in the hollow of the tree, dreaming in the excitement
of an acorn. Pieces of darkness. I imagined
a love with childhood handwriting: a little tablet
enamored.

We've lost the night that comes late. We can't hear
the animal smile, where can we find
the stars.

One of now's seconds is a globe imprisoned by my eyes and memory
needs light and shadows
The early morning went away, and with it my place to think
in words, my rest on the nape of a neck loaded with
spaces
with hugs that opened and smothered me.

How to be without a shadow over the rugs,
a point in its appropriate place, the moon you know
without seeing it. Light has multiplied so much that it has
no origin,
its time lengthens, it's more capable
than my return,
than my revolts.

If the early morning doesn't exist, death comes to an end.
There's only exhaustion. My life, your nostalgia,
without time.

PRODUCTIVIDAD

No es la destrucción: es un reto.
No es la pérdida de amanecer humano en la bombilla
que multiplica los espejos del huevo: aprendizaje.
No es una herida: es la victoria sobre el engaño
de la invisibilidad de la sangre.
No es la muerte el más allá.

PRODUCTIVITY

It's not annihilation: it's a challenge.
It's not losing human dawn inside the light bulb
multiplying the mirrors of the egg: lesson learned.
It's not a wound: it's the triumph over blood's deceptive
invisibility. Death is
not the beyond.

NO HAGO FOTOS

No hago fotos a esta ciudad.
Huelo la lluvia, miro el diámetro de los charcos
para ver qué barcos caben,
vivo sólo aquí,
(también el sudor gotea en las algas)
camino en círculos concéntricos a la espera
del paso que cae, sumergido.

I DON'T TAKE PHOTOS

I don't take photos of this city.
I smell the rain, study the diameter of its puddles
seeing which boats might fit,
I live only here,
(sweat also drips down onto the algae)
I walk in concentric circles in anticipation
of the falling footstep, submerged.

ESCAPATORIA

No llega el final.
Está en mi boca la meta, yace
para que acabes, lentamente,
mi rodilla prehistórica
o las manos
mágicas del hombre,   está,
cada vez que sonrío o te hablo,
un resto rotulado, muy fino,
de niños en ámbar
y no arribas, te lo impide
Tu Nombre,
marcho, desato sola los labios,
veo tu insignia a mi espalda
negarse
y llamarme de nieve.

A WAY OUT

The end is not near.
Inside my mouth lies the goal, there
so that you finish, slowly,
my prehistoric knee
or man's
magic hands,   there,
every time I smile or speak to you,
labeled remains, exquisite,
of children in amber
and you don't appear, it doesn't allow it,
Your Name,
I leave, loosening my lips myself,
I see your insignia behind me
refusing
and calling me in snow.

WINTER IS GONE

Esponjas de piel, aguantasteis la nieve como el hambre, murió el pájaro
callado en la verdad de su infancia, pisó la ardilla el matiz del tiempo
antes de esconderse, pasó la máquina de aire blanco para ahuyentar la herida,
volvió la pala a descepar la sal en cicatrices, llegó la hora, transcurrió,
huyó la hora, creció la flor en algún canto, saliste a verla,

ya era tarde,

ya era tarde…

WINTER IS GONE

Sponges of skin, you suffered through the snow like hunger,
 the bird died
silent in the truth of its youth, the squirrel stepped on the
 shade of time
before hiding, the white-air machine blew by to chase away
 the wound,
 the shovel returned to uproot the salt from the scars, the
 time came,
it passed,
the time fled, the flower grew on some corner, you went out to see
 it,
it was too late,
it was too late…

III

DEFLAGRACIONES DE PASO

AMERICAN POEMS

III

PASSING DEFLAGRATIONS

THE WOUND

the exile refuses to sit on the sidelines nursing a wound,
there are things to be learned
EDWARD SAID

En inglés, una herida es el pasado del viento
que se ovilla, la huella de una tormenta y no el rayo,
los ripios, en este instante, de otras edades.
Era tan obvio… y yo le atribuía presente y miraba
al horizonte y a mis pies y susurraba *tierra, no duelas,*
cicatrízate conmigo dentro, y hasta me volcaba
a sus arrullos y a sus topos con alcohol en las manos.
Era ayer. Era un tropiezo cálido con el futuro, un llanto
tectónico en alguna profundidad que hoy es visible.
En inglés, empiezo a entenderlo todo…
también exilio y exiliado son lo mismo, también
me cuentan, desde otras ventanas, que no se curan.

THE WOUND

> *the exile refuses to sit on the sidelines nursing a wound,*
> *there are things to be learned*
> EDWARD SAID

In English, a wound is the past of the wind
winding itself up, the footprint of a storm and not the lightening,
the rubble, in that instant, of past ages.
It was so obvious… and I made it present and looked
towards the horizon and at my feet and whispered *earth, don't suffer,*
heal with me inside, I even gave myself
to your lullabies and your moles with alcohol in hand.
It was yesterday. It was a warm encounter with the future, a tectonic
yell from some depth today now visible.
In English, I'm beginning to understand everything…
also exile and exiled are the same, these too,
they tell me from other windows, have no cure.

JUVENTUD SILENCIADA

He comprendido la belleza de una náusea al abrir la boca,
sentir el viento que de mis sumideros se vence,
el temblor
de mis huesos, jóvenes, frustrados, queriendo gritar,
amasados por el músculo de unas calles desiertas.

He callado
en este vómito invisible que es también reverencia.

SILENCED YOUTH

I've understood the beauty of nausea when opening my mouth,
feeling the wind that up from my sewers is vanquished,
the trembling
of my bones, youthful, frustrated, wanting to yell,
worked over by the muscle of deserted streets.

I've gone silent
in this invisible vomit, which is also a bow.

€UROPA

Es el rocío el rastro del llanto de la madrugada que no escuchamos.
Desaparecen los cuerpos, tú también lo sabes,
que hay siempre cenagales en las lindes,
y uno cruza el pantano y admira en el cielo otra estación.
Escapar y contemplar los tobillos con marcas de uñas,
donde crecen los bulbos, la lejanía.
Tú también lo entiendes – y callas – que los sueños
tienen impostores, que el humedal cuando amanece
es la silueta de lo perdido, es un espejo.
Es esta la historia: un cuerpo ignorado. Bate fuerte contra él
que se han desprendido sus nervios y los cuida el padrastro.
Inyéctale cualquier cosa eléctrica, apenas conseguirá moverse.
Una omisión de la figura por temor a los albores los deja germinar:
es esta la dictadura del sol,
con veintitrés horas en la noche de sus pies.

€UROPE

The dew is what's left of the early morning weeping that
we don't hear.
Bodies disappear, you too know this,
there are always swamps at the edges,
and one crosses the marsh and admires another season in the sky.
Escaping and contemplating ankles with fingernail scratches,
where bulbs grow, in the distance.
You too understand – and stay quiet – that dreams
have impostors, that the wetland at dawn
is the silhouette of what was lost, it's a mirror.
This is the story: a forgotten body. Pounding hard
against it
its nerves detached and cared for by the
stepfather.
Inject it with anything electric, it will hardly
move.
An omission of form for fear of daybreak allows it
to sprout:
this is the dictatorship of the sun,
with twenty-three hours in the night of its feet.

15 DE OCTUBRE

Las plazas del mundo, cómo las extraño
sin razón, sé que todos ellos, que todos
éstos, montados a caballo, con lupas
de pespuntes intempestivos, sacuden
la almohada triste de la historia, despiden
plumas. Un activo, bastardo lenguaje,
la sangre pretérita, (la exangüe herencia),
extranjeros, en la grupa de color
mezclado, vuela pluma de un solo ave,
que todos éstos, que todo ello escribe.

OCTOBER 15

The city squares of the world, I miss them so
for no reason, I know that all of them, all of
these, on horseback, with magnifying glasses
made of mistimed backstitches, fluff
history's wistful pillow, exhale
feathers. An active, bastard language,
past blood, (exsanguine legacy),
foreigners, on mottled
rump, a feather flies from a single bird,
all of these, all of this writes.

DESDE AQUÍ

Hice caso al instinto y te pedí que me ataras,
fuerte, sin tregua, piensa que se te va tu madre en la cuerda,
aprieta, como una brizna de heno en el nido.
Y viniste a descorrer mis párpados. Abrí los poros,
vi entonces las sogas: mundo, condensado en instintos
que no eran míos. En las muñecas me habitó
el pasado del viento, tu idioma, ya me advertiste,
tenía intérpretes en cada tierra, era una lengua de simientes.
Do you like it that way? Como si entendieras que Belle de Jour
era real y era votante. *Do you like it harder?* Y no supe
decir no. Inventé una pasión fuera del cuerpo,
el dolor lo acunaron los papeles, y vi firmas y sellos
por todos nosotros. *Do you love me?* Y asentí
con la cabeza, lo único, todavía, sin atar.

AMERICAN POEMS

FROM HERE

I took heed of my instinct and asked you to tie me up,
tight, without reprieve, just think this may be the end of the line,
constrict it, like a piece of hay in a nest.
And you came to draw back my eyelids. I opened my pores,
then I saw the ropes: world, reduced to instincts
not my own. Around my wrists lived
the wind's past, your language, you warned me,
had interpreters in every land, it was a language of
seeds.
Do you like it that way? As if you understood that Belle de Jour
was real and had a vote. Do you like it harder? And I didn't know how
to say no. I conceived a passion outside of my body,
pain cradled in papers, and I saw signatures and stamps
from us all. Do you love me? I said yes
with my head, the only thing left untied.

WE WISH YOU A MERRY CHRISTMAS

Construimos trincheras con abetos dormidos
y refugiamos nuestros cuerpos en su sombra nocturna.
De tantos bandos, el bosque creció en matices
alumínicos, redondas,
las granadas, en este invierno, cubrieron de pulpa la
nieve.
Hubo purpurina en la muerte.
En las guirnaldas se columpiaron fantasmas, la estrella
no fue el rostro sino tobillos en minas, deflagraciones de
paso.
Herimos de realidad las calles, ganamos y en villancicos
marchamos, en fila india, a forestar nuestros cuerpos.
Los árboles, desiertos como regalos, escondieron sus
brazos.

WE WISH YOU A MERRY CHRISTMAS

We built trenches with sleeping fir trees
and sheltered our bodies in their night shadows.
From so many sides, the forest grew in aluminous
hues, round,
the grenades, in this winter, covered the snow with
pomace.
There was glitter in death.
From the garlands swung ghosts, the star
was not the face rather shins in mines, passing
deflagrations.
We wounded the streets with reality, we won and amid carols
we marched, in single file, afforesting our bodies.
The trees, forgotten like gifts, hid their
arms.

OCCUPY US

Parte el sol a repartir sus lazos, y en la calle,
en otro lugar, se han perdido los espejos.
Clara, la historia ajena, encuentra la ciénaga:
calles quemadas, sal en los párpados, manadas
de hombres ciegos que comparten un ojo.
Qué hacer con ellos. Calcinar pestañas
como rastrojos, iluminar los cabellos de algunos,
controlar la ristra del olvido a lo decente.
Parten algunas cruces los huesos, se escucha
en la sirena un reír intermitente, como la luz:
una de cal, otra de cal, que parezca arena.

OCCUPY US

The sun departs to part with its bands, and in the street,
in another place, the mirrors have gone missing.
Clear, the story of another, discovers the swamp:
burnt streets, salt in our eyelids, herds
of blind men sharing one eye.
What to do with them. Scorch eyelashes
like stubble, enlighten some people's hair,
restrain oblivion's string with decency.
Some crosses break bones, hearing
inside the siren sporadic laughter, like light:

A thorn, another thorn, seemingly a rose.

IV

NO ES TANTA LA TRAGEDIA

IV

THE TRAGEDY'S NOT THAT BAD

QUIJOTE CON FALDAS

Matar al padre. No hubo que.
Marcha, con todos los libros, derivas,
de su escarpado lenguaje. Silente,
quijote con faldas: genealogía
en mi memoria de once años.

QUIXOTE IN A SKIRT

Kill the father. No need.
He leaves, with every book, you veer,
from his sheer language. Silent,
quixote in a skirt: genealogy
inside my memory at age eleven.

HISTORIA DE UNA ESCALERA

Termina la hora y poco importa su cuerpo.
Los dedos que la avivan, los raíles en que se vierte,
clavándome un grito, el recién nacido:
pasto, herrumbre anclada en la piedra.
Termina mi sombra sin un pie, siquiera, de odio.
Transcurro, toda mi historia de otros que claman y la planta
salvaje de nuestros pies heridos.
Madre no me quiere por hacerla perpetua.

STORY OF A STAIRWAY

The hour's up and its body matters little.
The fingers that awaken it, the rails it empties onto,
belting out a scream, a newborn:
grass, rust anchored inside stone.
My shadow fades without even a foot of hatred.
I pass, my long history of others crying out and the feral
sole of our wounded feet.
Mother doesn't love me because I make her eternal.

BANDADA

Qué poco me escapo. Apenas
un tachado de día, la espuma grisácea
en comisuras de muertos, una uña que crece.
Qué poco me atormenta
tu testigo inflamado, o el cuerpo
plomizo de una línea creciente, luna ambiciosa,
o este tiempo de pánico inmenso
en el reloj de los hombres.
Qué diría mi madre de la sombra que irradia. Y verme
sosteniendo, amamantando la cáscara, y verme
del estiércol seguro.
Qué poco de mujer me yazgo.
La mano pintada, la otra sonrisa
situada en tu esfera para girarla de luces,
y pasar por aquí, como una pluma en bandada.

FLOCK

How little I escape. Hardly
a day effaced, the grey foam
at the corners of dead mouths, a fingernail growing.
How little your inflamed witness
torments me, or the leaden
body of a waxing line, ambitious moon,
or this massive moment of panic
on man's wristwatch.
What would my mother say about that shadow irradiating.
And seeing me
holding, nursing an empty shell, and seeing me
surely made of manure.
What little woman I find lying within me.
The painted hand, the other smile
placed in your sphere to spin it with lights,
and pass here, like a feather in a flock.

REENCUENTRO

Esta noche en que el clima pierde su manera de medir,
te pienso, extraño de cualquier latitud,
te sueño, me permito   d e s p a c i o
                                                caer,
entre tu imagen, la mía y una siempre remota
posibilidad,
tus ojos, cualquier tarde, los míos, otro año, se abrazan
secándose la espuma.

REUNION

Tonight when weather loses its way of measuring,
I think of you, foreign at any latitude,
I dream of you, I let myself   s l o w l y

                                                  fall,

amid your image, mine and an ever distant
possibility,
your eyes, any afternoon, mine, another year, embrace
drying off the foam.

CONFIESA

Confiesa, si es que te sabes, dónde
no habitas, dónde
dejaron de ser amanecer tus manos, no digas
esta casa, este espejo, pregunta
dos veces por la sombra y en qué
no te sostuvo la talla, qué grado del clima
nunca fue tu fiebre.

CONFESS

Confess, if in fact you know, where it is
you no longer live, where
your hands have ceased to be the dawn, don't say
this house, this mirror, inquire
twice about the shadow and how
you didn't measure up, to what degree the weather
was never your fever.

CENIZAS

a los soles de unas cortinas sabias, en la ausencia
de la noche a los pájaros, como si otro
clausurase mis párpados cuando la luz
amanece, voluntad y renuncia, tejo
lo mínimo de un paso entre el hombre al hombre,
por ansiarlo dentro, quemo la ristra inútil
si alumbra, rozo despacio las cenizas
y beso.

ASHES

for the suns on wise curtains, for the birds
in the absence of night, as if another
shuts my eyelids when the light
dawns, will and resignation, I weave
the slightest step from man to man,
desiring it within, I burn the useless line
if it lights up, I brush the ashes slowly
and kiss.

Azahara Palomeque

CEDAR WAXWINGS

> *I saw the best minds of my generation…*
> ALLEN GINSBERG

Tan muertos todos y con las caras sonrosadas
llegando a la orilla, en un rincón,
mirándolo todo, esperando el autobús en la esquina
                                              de un ojo.
Tan saludablemente túmulos como sábanas bordadas,
volviendo a las cesáreas, a los desgarros,
recorriendo de parte a parte el mito de los pétalos, la primavera
en la parada, quietos,
                        a que el ángel baje.
Tan color de huesos lanzados como pájaros de cera,
bellos y bilingües   debajo del motor   tejiendo guirnaldas.
Tan otro mundo que ya fue futuro.
Allí – hablando puentes – contraste de cimientos uno a otro de certezas
en el hombro bien labrado por el golpe
de una guerra,   una paz,   una amnistía.
Tan cenicientos bebés recogiendo las hojas,
contemplando a secas los espejos con una idea de esqueje
 – tan injerto –
mujeres y hombres como espigas, campos de fósiles.

CEDAR WAXWINGS

I saw the best minds of my generation...
ALLEN GINSBERG

Everyone so dead and with blushing faces
reaching the shore, off to one side,
looking at everything, waiting for the bus at the corner
                                         of their eye.
Burial mounds so healthy like embroidered sheets,
returning to cesareans, to the ripping,
leafing part by part through the myth of petals,
springtime
at the bus stop, motionless,
                            for the angel to descend.
So bone-colored, those flung like wax birds,
beautiful and bilingual   beneath the engine   weaving garlands.
So otherworldly that the future had passed.
There – speaking in bridges – contrasting foundations one against
another, certainties
on a shoulder well-wrought by the blow
of a war,   a peace,   an amnesty.
Babies so ashen collecting leaves,
dryly contemplating mirrors with an idea of an offshoot
– such scion –
women and men like sprigs, fields of fossils.

NO ES TANTA LA TRAGEDIA

Hay golpes en la vida, tan fuertes... ¡Yo no sé!
CÉSAR VALLEJO

No es tanta la tragedia
porque el corazón no es tan grande.
El gas en mis pupilas neófitas, o la tierra
(¡siempre la tierra!) hecha de trazos, imagina,
un milímetro de lágrima.
No cabe casi nada,
un corte en el vientre, un pulmón
cuando suspira hacia adentro es sólo
tuyo, un ojo, volcado, con las ruedas al aire,
qué poco, qué poco.
No hay espacio, ni mío.
Un golpe   otro golpe, deja afuera
el sonido, el eco, la mano.
No es tanto, al fin y al cabo, el hombre.
Desde el aire, un lunar

del paisaje: cancerígeno.

American Poems

THE TRAGEDY'S NOT THAT BAD

> *There are blows in life, so powerful... I don't know!*
> CÉSAR VALLEJO

The tragedy's not that bad
because this heart is not that big.
The gas in my neophyte eyes, or the soil
(always the soil!) made up of marks, imagine,
a millimeter of a tear.
Almost nothing fits,
a cut across the stomach, a lung
when breathing inward is yours
alone, an eye, overturned, with its wheels in the air,
so little, so little.
There is no room, not even mine.
A blow   another blow, leave out
the sound, the echo, the hand.
Man, in the end, is not that great.
From space, a mole
on the landscape: malignant.

EL HOMBRE

Dadme una piedra para que pueda
deshuesarla, y cuando tenga su rostro en un puño
del que caiga, reluciente, la baba, dos ojos
que en el aplastamiento mutuo aún se observen
y toda la frente, plegada, en los nervios
que sobraron, plagada de dactilar presencia,
velada y múltiple, en mi mano deforme, te diré:

esto es un hombre.

MAN

Give me a stone so I can
debone it, and when I hold its face in my fist
falling from it, glistening, drool, two eyes
that, engaged in mutual trampling, still watch each other
and the whole forehead, pleated at the leftover
nerves, beleaguered by tactile presence,
concealed and multiple, in my deformed hand, I will say to you:

this is man.

– fin del trayecto –

AMERICAN POEMS

– end of the line –

Azahara Palomeque

Azahara Palomeque (El Sur, 1986) is a Spanish poet and writer. She is the author of the bilingual chapbook *El Diente del Lobo/The Wolf's Tooth* (Carmina in minina re, 2014), the poetry books *American Poems* (La Isla de Siltolá, 2015), *En la Ceniza Blanca de las Encías* (La Isla de Siltolá, 2017), *R.I.P* (*Rest in Plastic*) (RiL Editores, 2019), and the essay *Año 9. Crónicas catastróficas en la Era Trump* (RiL Editores, 2020). She has published numerous poems in cultural journals and magazines in Spain, Latin America and the United States; her work has been partially translated into Greek and English and has been included in several anthologies. Palomeque has been invited to do readings at several U.S. universities, the NY Public Library, the Philadelphia Latin American Book Fair, and the NY Instituto Cervantes, among others. She is also a renowned journalist and op-ed contributor for two independent Spanish newspapers: La Marea and CTXT. Palomeque holds a Ph.D. in Spanish and Latin American Cultural Studies from Princeton University and resides in Philadelphia. *American Poems* is her first fully translated book, now available for an English-speaking audience with Coolgrove Press, NY.

www.ingramcontent.com/pod-product-compliance
Lightning Source LLC
Chambersburg PA
CBHW021441080526
44588CB00009B/635